WIRTSCHAFT

HÖRTEXTE UND VERSTÄNDNISÜBUNGEN

Übungsbuch

von
Sigrid Dondoux-Liberge, Harro von Jonquières,
Dorothea Muenk, Gerd Nicolas, Marion Tardy-Riechers,
Ulrich Theiss, Colette Vacquié, Christine Zwiener

Koordination:
Gerd Nicolas (Goethe-Institut Paris)

Klett Edition Deutsch

Die Materialien entstanden am Goethe-Institut Paris im Rahmen einer Arbeitsgruppe, die sich mit der Erstellung von Hörtexten und Verständnisübungen für den Bereich „Wirtschaftsdeutsch" befaßt hat. Grundlage des vorliegenden Teils sind ausschließlich Interviews, der zweite Teil behandelt andere Textsorten.

1. Auflage   1 5 4 3 2 1 | 1994 93 92 91 90

Alle Druck dieser Auflage können nebeneinander benutzt werden, sie sind untereinander unverändert. Die letzte Zahl bezeichnet das Jahr des Druckes.

© der Originalausgabe: Librairie Classique Eugène Belin, Paris 1984

© der bearbeiteten Lizenzausgabe:
Verlag Klett Edition Deutsch GmbH, München 1990
Alle Rechte vorbehalten
Druck: Schoder-Druck GmbH & Co. KG, Gersthofen · Printed in Germany

ISBN 3-12-675200-4

Inhaltsverzeichnis

Einleitung

Wirtschaft im Ohr 1 besteht aus
- zwei Toncassetten,
- dem vorliegenden Übungsbuch,
- einem Heft mit den Transkriptionen sämtlicher Tonaufnahmen sowie einigen
  methodischen Hinweisen für den Kursleiter.

Zielgruppe
Lerner der Abschlußklassen der Sekundarstufe II, der Handelsschulen und Höheren
Handelsschulen, der Hochschulen und Universitäten, sowie Lerner aus dem Bereich
der Erwachsenenfortbildung.

Einstiegsniveau
nach ca. 400 Stunden Deutschunterricht (Mittelstufe II des Goethe-Instituts).

Lernziele
Der Lerner soll
- dazu befähigt werden, authentische Hörtexte unterschiedlicher Sprechgeschwindig-
  keit und Informationsdichte global bzw. selektiv zu verstehen,
- das in den Texten enthaltene sprachliche Material in anderen, mehr oder weniger
  ähnlichen Situationen benutzen können,
- Informationen über bestimmte Aspekte des wirtschaftlichen Lebens der Bundesrepublik Deutschland erhalten und für Unterschiede im Vergleich zu seinem Land
  sensibilisiert werden.

Methodischer Aufbau
Thematische Schwerpunkte des vorliegenden Teils sind einerseits Fragen des Ver-
kaufs im weitesten Sinne (Werbung, Exportstrategien, Exportfinanzierung) und andererseits Informationen über einige Aspekte des „Innenlebens" von bundesdeutschen
Unternehmen (Mitbestimmung, alternative Betriebsformen).

Grundlage der einzelnen Kapitel sind jeweils ein oder mehrere authentische Interviews; im 1. Kapitel mit Verbrauchern und in den übrigen Kapiteln mit Vertretern ver-
schiedener Unternehmen bzw. Institutionen, wobei diese Interviews zum Teil unmittel-
bar am Arbeitsplatz der betreffenden Personen entstanden sind. Der Authentizität
halber sind mundartliche Besonderheiten, grammatische Fehler, wie sie für die
gesprochene Sprache typisch sind, und unliebsame Nebengeräusche bewußt in Kauf
genommen worden.

Der Schwierigkeitsgrad der Hörtexte ist im Inhaltsverzeichnis angegeben: x = leicht,
xx = mittelschwer, xxx = schwer.

Jedes Kapitel bildet eine abgeschlossene Einheit und kann unabhängig von den
anderen eingesetzt werden.

Das vorliegende Übungsbuch enthält zu den einzelnen Kapiteln jeweils A-Übungen, Raster und B-Übungen.

Die **A-Übungen** sollen dem Lerner Gelegenheit geben, sich *vor dem Hören des Interviews* mit dessen Thematik vertraut zu machen. Sie können entweder allgemein in das Thema einstimmen oder schon vorhandenes Wissen aktivieren und bauen dazu zum Teil auf Grafiken, Bildern und erklärenden Texten, aber auch auf freieren Aufgabenstellungen auf, wobei Wert darauf gelegt wurde, die Übungsformen von einem Kapitel zum anderen möglichst abwechslungsreich zu gestalten.

Die *Raster* sind jeweils den B-Übungen vorangestellt und betreffen zum Teil mehrere inhaltlich zusammengehörige Hörtexte. Sie können aber auch für einen einzelnen Hörtext benutzt werden.

Die **B-Übungen** dienen zur *Auswertung der Hörtexte*. Sie führen von der reinen Verständniskontrolle (Zuordnungsübungen, Richtig/falsch-Übungen, Auswahlübungen) über Ergänzungsübungen zu freieren Aufgabenstellungen.

Erprobung
Das gesamte Material wurde mit unterschiedlichen Niveaugruppen an Universitäten, Hochschulen und Institutionen der Erwachsenenfortbildung erprobt.

Die Autoren danken
- allen denen, die sich freundlicherweise als Gesprächsparter zur Verfügung gestellt haben;
- Geneviève Campana und Verena Metz, die zeitweise an der Arbeitsgruppe teilgenommen haben;
- Heide Lindecke vom Goethe-Institut Paris, die die Tonaufnahmen betreut hat.

Kapitel 1 Werbung

Interviews mit Verbrauchern (Interviews A - F)

A 1 Welche Assoziationen verbinden Sie als Verbraucher mit dem Begriff „Werbung"?

A 2 Sie lesen nun einige Aussagen über die Rolle der Werbung.
„Werbung will den Verbraucher zum Kauf animieren."
„Werbung manipuliert den Verbraucher."
„Werbung arbeitet häufig mit Slogans, mit Wiederholungen; sie wirkt oft nicht direkt, sondern im Unterbewußtsein."
„Werbung informiert über Produkte."
„Werbung spricht oft das Gefühl an."
„Werbung muß "schön" sein, um zu wirken."
„Werbung ist oft aggressiv."
Sie wollen nun selbst herausfinden, inwieweit die Werbung das Käuferverhalten tatsächlich beeinflußt. Überlegen Sie sich Fragen dazu, und stellen Sie diese Ihrem Nachbarn.

B 1 Vergleichen Sie Ihre *Fragen* mit denen der Interviews A - F. Welche Unterschiede stellen Sie fest?

B 2 Stellen Sie Ihrem Nachbarn die für die Interviews A - F benutzten Fragen. (Andere Mitglieder der Gruppe notieren stichwortartig die Antworten.) Vergleichen Sie die erhaltenen Antworten mit einer oder mehreren der vom Band gehörten Antworten.

Interview		A	B	C	D	E	F
wird direkt beeinflußt		✕	✕				
wird im Unterbewußtsein beeinflußt				✕			
erinnert sich an Werbeslogans		✕	✕				
hat aufgrund von Werbung gekauft		✕					
kauft beim Anblick des Produkts		✕		✕			
sucht gezielt nach dem Produkt			✕				
kauft grundsätzlich billigstes Produkt							
Vorliebe für	informative Werbung			✕			
	das Gefühl ansprechende Werbung						
	ästhetisch ansprechende Werbung	✕	✕	✕			

Kreuzen Sie beim Hören der Interviews die zutreffenden Aussagen an.

Vier Rundfunk-Werbespots (Interviews G - I)

Beantworten Sie beim Hören der Interviews die folgenden Fragen:

Interview	G	H	I
An wie viele Produkte erinnert sich der Interviewte?			
Gibt es einen Spot, der ihm gefällt?			
Äußert er Kritik?			
Hat er etwas Neues erfahren?			
Würde er eines der Produkte kaufen?			

8

B 1 Notieren Sie die Wörter bzw. Ausdrücke, mit denen Kritik an den Werbespots geübt wird.

Interview G: _____

_____

Interview H: _____

_____

Interview I: _____

_____

B 2 Sie wollen herausfinden, wie Ihr Nachbar auf diese Werbespots reagiert hat. Stellen Sie ihm dieselben Fragen, und notieren Sie seine Antworten.

Interviews mit Werbefachleuten (Interviews J-L)

Interview J
Gespräch in einer Gesellschaft für Verkaufsförderung (Fa. SAPROMA)

B 1 Vergleichen Sie die nachstehende Zusammenfassung mit dem Interviewtext. Stimmen die Aussagen überein?

Herr Hensel ist davon überzeugt, daß die Werbung für den Verbraucher nützlich ist. Allerdings sollte sie vor allem informativ sein, denn die Verbraucher lesen gern Informationen über das jeweilige Produkt, und sie sollte eher den Intellekt als das Gefühl ansprechen. Hervorgehoben werden sollte vor allem die Preiswürdigkeit des Produkts, aber auch dessen Qualität und Image. Jeder läßt sich von Werbung beeinflussen, auch diejenigen, die von sich das Gegenteil behaupten. In den letzten Jahren hat sich das Kaufverhalten geändert, denn heutzutage achten die Verbraucher stärker auf die Preise und stehen den Produkten kritischer gegenüber.

B 2 Ergänzen Sie entsprechend dem Hörtext.

a) Informative Werbung ist nicht immer sinnvoll, weil die Verbraucher ...
b) Die Werbung soll nicht nur das Gefühl, sondern auch ...
c) Die Schwerpunkte sind bei jedem Produkt ...
d) Als wichtigste Kriterien werden Qualität und Image des Produktes ..., während die Preiswürdigkeit keine so große ...
e) Jeder läßt sich von der Werbung ..., zumindest ...
f) Die Verbraucher sind seit einigen Jahren ...

B 3 Interviewen Sie Ihren Nachbarn über die Rolle der Massenmedien. (Für die Fragen und die Antworten sollen so weit wie möglich die Redemittel des Hörtextes benutzt werden.)

Interview K
Gespräch in einem Buchverlag
(Bachem-Verlag)

SUGGESTION
...die suggestive Duftnote
SUGGESTION
SUGGESTION

Eau de Cologne · Eau de Cologne Spray
Parfum de Toilette · Parfum de Toilette Spray · Crème de Parfum · Parfum
Luxusseife · Cream Lotion · Deodorant

A 1 Wodurch unterscheiden sich
die beiden Anzeigen?

Der Monat neue Folge

Der Monat neue Folge 290

Europa und Amerika
Ende einer Ära

Beltz

Sachbücher von
BELTZ

Die Zeichen mehren sich: Die Nachkriegsära geht zu Ende, die transatlantische Allianz zeigt Risse, die Beziehungen zwischen der Supermacht USA und Europa wandeln sich. Jüngste, aktuelle Ereignisse werfen die Frage auf, ob die Vereinigten Staaten von Amerika von nun an unabhängig und allein weltpolitische Entscheidungen treffen wollen. Es geht nicht mehr darum, ob die Europäer gegen die NATO sind, sondern ob sich die USA nicht von uns befreien wollen.
Aus unterschiedlichen Positionen heraus beleuchten international renommierte Autoren den Wandel der Beziehungen auf politischer, wirtschaftlicher und kultureller Ebene und dokumentieren ein Stück gemeinsamer Geschichte. Der Band enthält Beiträge von: Arthur Schlesinger, Daniel Bell, Klaus Bölling, Carl Weiss, Norman Mailer, Samuel Lipman, Theodore Draper u.v.a.m.

...in Ihrer Buchhandlung!

200 Seiten, Broschur, DM 18.–   BELTZ Verlag · Postfach 1120 · 6940 Weinheim

10

B 1 Ordnen Sie entsprechend dem Textinhalt zu.

1. Der Kunde kann sich anhand des Produktes ein Bild von dem machen,
2. Wir können keine großen Werbeaktionen machen,
3. Wir müssen dem Leser ganz konkret sagen,
4. Man muß darauf achten,
5. Das Thema des Buchs, das ich veröffentlichen will,
6. Für die Leser ist es sehr wichtig,
7. Diese Dinge muß ich dem potentiellen Käufer erklären,
8. Der Leser muß wissen,
9. Es ist immer wieder gesagt worden,
10. Es wird die Zeit kommen,

a) damit er sich vorher informieren kann.
b) das Fernsehen werde den Buchmarkt kaputtmachen.
c) daß das Buch sich von anderen Produkten unterscheidet.
d) was ihm angeboten wird.
e) wodurch sich unser Buch von anderen unterscheidet.
f) da die Leute sich ihre Freizeit nur noch vom Fernsehen gestalten lassen..
g) zu wissen, wie das Buch aufgebaut ist.
h) weil wir ein relativ kleiner Verlag sind.
i) ist normalerweise neu und einzigartig.
j) ob es sich für ihn lohnt, das Buch zu kaufen.

B 2 Beantworten Sie die folgenden Fragen:

a) Welche Aufgaben hat der Interviewte in diesem Verlag?
b) Was für Bücher bringt dieser Verlag heraus?
c) Welche Informationen über die Bücher bringt der Verlag in seiner Werbung?
d) Wodurch unterscheidet sich die Buchwerbung von der Werbung für andere Produkte?
e) Wie sieht der Interviewte den Einfluß des Fernsehens auf die Lesegewohnheiten?

B 3 Rollenspiel:

Person 1 ist ein kleiner Reiseveranstalter.
Person 2 interviewt den Reiseveranstalter und befragt ihn über die Art, wie er für seine Reisen Werbung macht.

(Für die Fragen und Antworten sollen so weit wie möglich die Redemittel des Hörtextes benutzt werden.)

B 4 Schreiben Sie einen Bericht über die Werbekonzeption des Bachem-Verlags.

Interview L

Gespräch in einer internationalen Werbeagentur (Mac Cann-Erickson)

A 1 Woran denken Sie, wenn Sie den Namen „Coca-Cola" hören? Mit welchen Begriffen assoziieren Sie diesen Namen?

A 2 Erinnern Sie sich an Reklame für „Coca-Cola"? Beschreiben Sie diese Reklame.

A 3 Spricht Sie die folgende Reklame eher rational oder eher gefühlsmäßig an? Spricht sie Sie überhaupt nicht an? Warum?

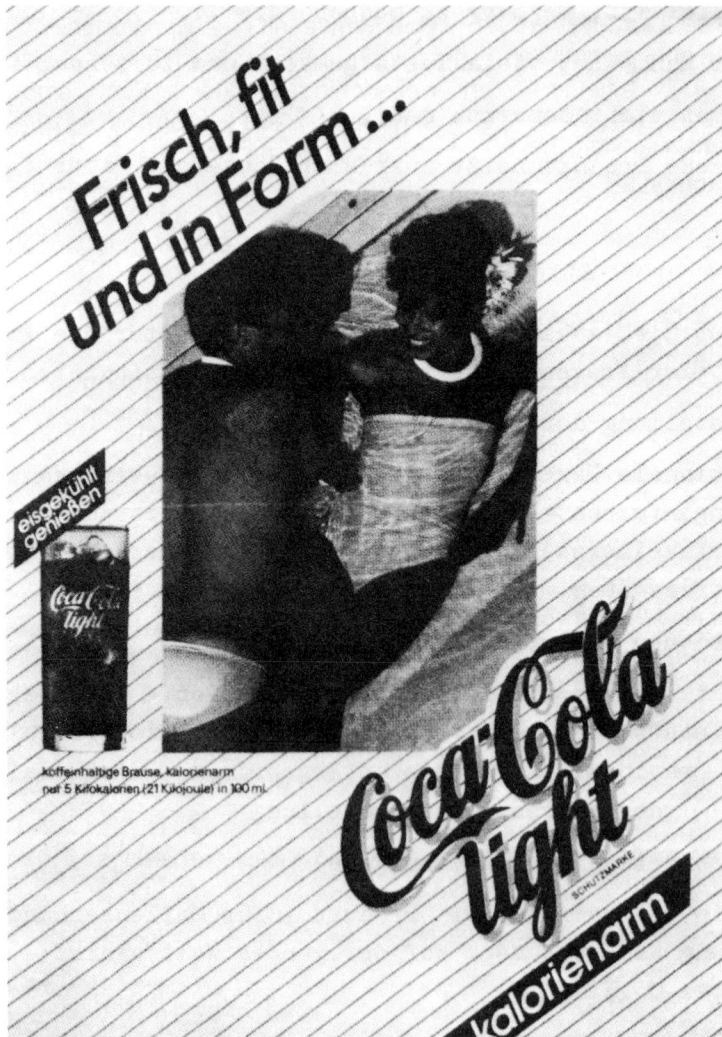

A 4 Für welche Produkte wird man eher mit Informationen, also rational, werben?
Für welche Produkte wird man keine informative/rationale Werbung benutzen?

B 1 Ergänzen Sie entsprechend dem Textinhalt.

a) Wir machen das nicht alles allein, sondern ...
b) Die Art, in der geworben wird, ist ...
c) Uns wird manchmal vorgeworfen, daß wir versuchen, ...
d) Wir wollen Kontakte mit den Verbrauchern, um zu sehen, ...
e) Ich möchte nicht den Produktnamen wissen, sondern ...
f) Ein Produkt wie Coca-Cola zu haben, das ist etwas, ...
g) Das Ziel ist, Werbung zu machen, die ...,
h) Unser Kunde hat viele Tests gemacht, um zu sehen, ...
i) Man hat nicht bemerkt, daß ...
j) Das neue Produkt heißt zwar auch Coca-Cola, aber ...

B 2 Versuchen Sie, anhand der folgenden Stichwörter die Antworten auf die vier Fragen des Interviews zu rekonstruieren:

1. (Vorstellung der Firma)
internationale Werbeagentur - Full-service - Werbung und Marketingaufgaben - 60 Mitarbeiter - Spezialisten - große Markenartikelhersteller - Schwerpunkt Konsumartikel und Investitionsgüter

2. (Emotionen ansprechen - informieren)
Zwiespalt - rationale Information - Emotion - unterschwellige Werbung statt klarer Information - Manipulation - viele Produkte gleich - rationale Argumente untergeordnet - emotionaler Bereich

3. (gegenwärtige konkrete Aufgabe)
Coca-Cola - bisher nur ein Produkt - für Markenwerbung ideal - Verpackung und Geschmack auf der ganzen Welt gleich - jetzt: neues Coca-Cola

4. (Werbekonzeption für Coca-Cola light)
Marktforschung - Versuchsprodukttests - Einstellung der Verbraucher herausfinden - kalorienarmes, gesundheitsbewußtes Leben - erste Entwürfe nicht verstanden - gleiche Flasche, gleicher Schriftzug - jetzt sehr informative Werbung

Kapitel 2 Tourismus

Interviews mit Vertretern von Fremdenverkehrszentralen deutschsprachiger Länder

Interview A: Österreich,
Interview B: Schweiz,
Interview C: Bundesrepublik Deutschland.

Devisenausgaben im grenzüberschreitenden Reiseverkehr der Bundesrepublik Deutschland
(nach wichtigsten Ländern, in Mio DM)

L a n d	Jahr 1987	Jahr 1988	Veränd. in %	Anteil 1988 in %
Alle Länder	41 943	43 968	+ 4,8	100,00
darunter:				
Italien	7 121	7 294	+ 2,4	16,58
Österreich	6 692	6.942	+ 3,7	15,78
Spanien	5 186	5 625	+ 8,5	12,79
Frankreich	3 438	3 583	+ 4,2	8,14
Schweiz	2 739	2 914	+ 6,4	6,62
USA	2 141	2 390	+ 11,6	5,43
Niederlande	2 069	2 153	+ 4,1	4,89
Jugoslawien	1 439	1 301	− 9,6	2,95
Griechenland	1 700	1 270	− 25,3	2,88
Großbritannien	1 087	1 177	+ 8,3	2,67

Deviseneinnahmen im grenzüberschreitenden Reiseverkehr der Bundesrepublik Deutschland
(nach wichtigsten Ländern, in Mio DM)

L a n d	Jahr 1987	Jahr 1988	Veränd. in %	Anteil 1988 in %
Alle Länder	13 802	14 838	+ 7,5	100,00
darunter:				
Niederlande	2 252	2 307	+ 2,4	15,54
Österreich	1 677	1 724	+ 2,8	11,61
Frankreich	1 275	1 312	+ 2,9	8,84
USA	1 175	1 455	+ 23,8	9,80
Dänemark	994	1 048	+ 5,4	7,06
Schweden	778	839	+ 7,8	5,65
Italien	746	828	+ 11,0	5,58
Großbritannien	649	728	+ 12,2	4,90
Schweiz	629	645	+ 2,5	4,34
Belgien/Luxemburg	566	609	+ 7,6	4,10

(Quelle: Deutsche Bundesbank.)

A 1 Gibt es in den beiden Statistiken auf Seite 14 Länder, mit denen die Bilanz des Reiseverkehrs für die Bundesrepublik annähernd ausgeglichen ist?

A 2 Sie als Deutschlerner haben bei einer Tombola eine Reise in ein deutschsprachiges Land gewonnen. In welches Land würden Sie reisen (Österreich, Schweiz, DDR, Bundesrepublik)? Warum?

A 3 Zeichnen Sie in jedes Feld irgendetwas, was Ihnen für das betreffende Land typisch erscheint.

Schweiz (CH)   Österreich (A)   Bundesrepublik Deutschland (D)

B 1 Wer sagt was? Kreuzen Sie an.

	CH	A	D
Unsere Klein- und mittelalterlichen Städte sind beliebte Reiseziele für Zweitreisen über Feiertage und längere Wochenenden, sowie für Kurzreisen von ein bis zwei Wochen.			
Touristen, die bei uns ihre Ferien verbringen, suchen etwas Andersartiges. Sie wollen etwas erleben, neue Städte kennenlernen und Wintersport treiben.		X	
Der Naturfreund und Erholungsuchende wird von der Schönheit unserer Landschaft, der Ruhe und Sauberkeit begeistert sein.			
Die Romantik steht bei unserer Werbung im Vordergrund.			
Preiswürdigkeit, geographische Nähe, soziale Sicherheit sind nicht immer ausschlaggebend, doch stark mitentscheidend und gehören zu unseren wichtigsten Werbeargumenten.		X	
Die Qualität unserer Dienstleistungen ist auch hohen Ansprüchen gewachsen.			
Hobbyreisen sollen künftig auch außerhalb der Saison für Gäste sorgen.			
Es handelt sich bei unseren Gästen hauptsächlich um eine ältere Kundschaft, obwohl wir seit Jahren auch um junge Leute werben.			
Den Franzosen vermitteln wir neben Städtereisen und Winteraufenthalten vor allem Unterkünfte billigerer Kategorie.		X	
Die Behauptung, unser Land sei teuer, trifft nicht mehr ganz zu.			

Für die drei Interviews

B 2 Kreuzen Sie jeweils die Punkte an, die in den Interviews angesprochen werden.

	A	CH	D

1. *Welche Zielgruppe ist am häufigsten anzutreffen?*
   a) Familien   a)
   b) Einzelreisende   b)
   c) Senioren   c)
   d) Jugendliche   d)
   e) Gruppen   e)

2. *Handelt es sich bei den Reisen vorwiegend um*
   a) Ferienaufenthalte?   a)
   b) kürzere Zweitreisen?   b)
   c) Geschäftsreisen?   c)

3. *Was hat das Land zu bieten?*
   a) schöne Landschaften   a)
   b) romantische mittelalterliche Städte   b)
   c) Festspiele   c)
   d) Folklore   d)
   e) Wintersport   e)

4. *Was könnte den Touristen zu einem Aufenthalt bewegen?*
   a) Preiswürdigkeit   a)
   b) Zuverlässigkeit   b)
   c) soziale Sicherheit   c)
   d) Sauberkeit   d)
   e) angenehme, zuvorkommende Bedienung   e)
   f) Interesse am Nachbarland   f)
   g) geographische Nähe   g)

5. *Was könnte ihn von einem Besuch abhalten?*
   a) Preise   a)
   b) Wechselkurse   b)
   c) Sprache   c)
   d) Klischees   d)
   e) Klima   e)

Interview A
Österreich

B 1 Ergänzen Sie mit den entsprechenden Wörtern aus dem Text.

In _____ zeiten hat die Fremdenverkehrszentrale bis zu tausend

Kontakte. Die Leute erkundigen sich nach Ferienaufenthalten und Städtereisen,

während _____ und _____ weniger _____

fallen. Die Werbung ist in vier _____ aufgegliedert, die speziell

auf die verschiedenen Publikums_____ zugeschnitten ist. Die Zentrale stellt

jeweils ein Thema in den _____, dem dann die anderen Aspekte

_____ werden. Das Werbematerial wird zentral _____,

und auch der _____ erfolgt zentral, auch wenn das Material dann

auf die _____ der einelnen Märkte _____ wird.

Die _____, die mit dem vorhandenen Werbematerial nicht _____

_____ sind, werden speziell _____. Die Aussichten für das

kommende Jahr werden günstig _____ .

B 2 Kreuzen Sie jeweis die richtige Entsprechung an.

Unterkunft
a) Feriengebiet
b) Übernachtungsmöglichkeit
c) Dauer des Aufenthalts

Zielgruppe
a) Gruppenreisende
b) eine Reihe von Ferienzielen
c) potentielle Kunden

Vorsprache
a) das Erscheinen
b) eine Rede
c) eine Reklamation

Gestaltung
a) persönliche Note
b) Aufmachung
c) genaue Beschreibung

preiswürdig
a) verhältnismäßig billig
b) übermäßig teuer
c) kostspielig

Bedenken haben
a) nachdenken
b) zögern
c) Ideen haben

B 3   Bilden Sie Sätze im Passiv.

Beispiel: für die Werbung / genügend Mittel / zur Verfügung stellen / sollen.
Für die Werbung sollen genügend Mittel zur Verfügung gestellt werden.

1. ca. 90 % der Anfragen / mit Informationsmaterial / abdecken / können
2. wenn die Touristen auch im Winter kommen sollen / günstigere Bahnverbindungen / schaffen / müssen
3. welches Publikum / ansprechen / Sie wollen (!)
4. das Publikum / in verschiedene Gruppen / aufgliedern / können
5. alle Mittel der modernen Werbung / heranziehen
6. ein bestimmtes Thema / als zentrale Werbung / in den Vordergrund stellen / wir wollen (!)
7. alle anderen Argumente / diesem Thema / unterordnen
8. das Werbematerial / nicht immer / zentral produzieren / können
9. dieses Ergebnis / hoffentlich / auf derselben Basis / halten / können
   a) Präsens, b) Futur

Interview B
B 1   Schweiz

Ordnen Sie einander zu.

1. Wir haben die Möglichkeit,
2. Wir können auch
3. Wir wollen dieses Klischee abbauen,
4. Wir können unsere Werbung nicht so gestalten,
5. Die meisten Kontakte
6. Der Hauptsitz
7. Neben gezielten Werbekampagnen
8. Die älteren Leute
9. Wir werben hauptsächlich
10. Die brieflichen Anfragen

a) befindet sich in Zürich.
b) weil es nicht mehr stimmmt.
c) machen den Hauptteil der Kundschaft aus.
d) kommen meistens aus der Provinz.
e) die Werbung direkt auf Franzosen zuzuschneiden.
f) haben wir auch ein zentralisiertes Programm.
g) kleine Broschüren in Paris herausbringen.
h) wie wir sie gerne hätten.
i) erfolgen telefonisch.
j) mit der Schönheit der Landschaften.

B 2   1. Wo hat die Zentrale ihren Hauptsitz? Zürich
2. Wer finanziert die Zentrale? Privat Unternehmen
3 Welche Personengruppe besucht die Schweiz vor allem? Ältere Leute
4. Macht die Fremdenverkehrszentrale in Paris gezielte oder zentralisierte Werbekampagnen?
5. Welche Medien benutzt die Zentrale?
6. Welche Werbeargumente hebt die Zentrale hervor?
7. Was hält manche Franzosen davon ab, in der Schweiz Urlaub zu machen? Durch

Interview C
Bundesrepublik Deutschland

B 1 Ergänzen Sie mit den entsprechenden Wörtern aus dem Text.

Die Fremdenverkehrszentrale ist ein _____ Verein, der seine Mittel zum

größten Teil vom Bund _____ . Aufgabe der Zentrale ist einerseits die

_____ der bestehenden Nachfrage und andererseits die Schaffung einer

neuen _____ durch Anzeigen _____ , Aufsuchen

der Reise _____ , Seminare und Informations- _____ .

Die Zielgruppen in Europa sind weitaus unterschiedlicher als _____ .

In Europa wendet sich die Zentrale nicht nur an Reisebüros, sondern auch an Firmen,

_____ und an kulturelle _____ . Es wird eine

mittelfristige _____ erstellt, und in den einzelnen Ländern werden dann

_____ gesetzt. Für die _____ der Werbung arbei-

tet die Zentrale mit einer _____ zusammen. Der _____

des Werbematerials ist weitgehend zentralisiert. Bei der Werbung gilt es auch, ___

_____ abzubauen, die von den _____ teilweise noch

gefördert werden. Im übrigen sind die Urlaubsangebote durchaus _____ ,

und dieser Punkt wird in der Werbung _____ .

B 2 Kreuzen Sie jeweils die richtige Entsprechung an.

- die Nachfrage anheizen
    a) Geld für Werbung bereitstellen
    b) Informationsabende veranstalten
    c) die Nachfrage erhöhen

- in Betracht kommen
    a) sich etwas ansehen
    b) in Frage kommen
    c) außer acht lassen

- eingehend
    a) schnell
    b) gut
    c) gründlich, ausführlich

- auf Franzosen zugeschnitten
    a) von Franzosen ausgearbeitet
    b) für Franzosen gemacht
    c) für Franzosen ausgeschlossen

- jemanden von etwas abhalten
    a) jemandem zu etwas raten
    b) jemandem von etwas abraten
    c) jemanden an etwas hindern

- ein unheimlicher Aufwand
    a) ein sehr großer Aufwand
    b) ein nicht sehr großer Aufwand
    c) ein Aufwand, der nicht bekannt werden soll

B 3 Bilden Sie Relativsätze.

Beispiel: Die Deutsche Zentrale für Tourismus ist ein eingetragener Verein. Er
bezieht 95 % seiner Mittel vom Bund.
Die Deutsche Zentrale für Tourismus ist ein eingetragener Verein, der
95 % seiner Mittel vom Bund bezieht.

Wir haben in Spitzenzeiten täglich 200 bis 300 Kunden. Sie sprechen persönlich bei uns vor.

Die Bundesrepublik kommt eher als Land für Zweitreisen in Betracht. Sie dauern eine oder zwei Wochen.

Die Leute besuchen die kleinen mittelalterlichen Städte. Sie reisen durch die Bundesrepublik.

Wir sind erst mal ein Serviceunternehmen. Dieses Unternehmen soll die bestehende Nachfrage befriedigen.

Andererseits sind wir ein Werbebüro. Ein Werbebüro soll die Nachfrage "anheizen".

Das Thema unserer Werbung ist das romantische Deutschland. Darauf legen wir den Schwerpunkt.

Wir haben jedes Jahr ein Treffen. Bei diesem Treffen werden alle Werbepunkte eingehend behandelt.

Die Werbemittel sind die Deutschland-Prospekte und das Kartenmaterial. Sie werden in der Bundesrepublik hergestellt.

B 4 Ergänzen Sie (in sinngemäßer Anlehnung an den Text).

Beispiel: Es liegt an uns, dies in der Werbung *dermaßen* herauszustellen, *daß* die Leute nach wie vor unser Land besuchen.

Wir sind, was die touristische Werbung im Ausland angeht, ein *so* reiches Land, *daß* . . .

Die Franzosen haben teilweise *so* negative Klischeevorstellungen über Deutschland, *daß* . . .

Das Image von einer Wirtschaftsmacht wird *dermaßen* von den Medien gefördert, *daß* . . .

Nach einer bestimmten Klischeevorstellung arbeiten die Deutschen *so* viel, *daß* . . .

Die Entwicklung des Wechselkurses ist *dermaßen* ungünstig, *daß* . . .

Aufgabenstellungen für schriftliche und mündliche Anfragen bei einer Fremdenverkehrszentrale

1. Österreich

Im Februar wollen Sie eine Woche in einem österreichischen Skiort verbringen. Sie wollen mit dem Zug dorthin fahren und in einem 2-Sterne-Hotel wohnen.

Erkundigen Sie sich a) schriftlich, b) telefonisch
nach Preisen, Schneeverhältnissen, Zugverbindungen, Möglichkeiten der Freizeitgestaltung usw.

2. Schweiz

Wegen Ihres Asthmas wollen Sie den April in einem schweizerischen Kurort verbringen.

a) Erkundigen Sie sich schriftlich.
b) Sie erkundigen sich telefonisch. Die Angebote, die Ihnen von der Fremdenverkehrszentrale gemacht werden, finden Sie etwas teuer. Sie diskutieren und machen Gegenvorschläge.

3. Bundesrepublik Deutschland

In diesem Sommer sollen Sie zwei Wochen lang durch Süddeutschland wandern. Ihr Mann, bzw. Ihre Frau, will Sie begleiten.

a) Da Sie ja so gut Deutsch können, schickt er - bzw. sie - Sie in die Fremdenverkehrszentrale, wo Sie Prospektmaterial verlangen und sich näher erkundigen sollen.
b) Sie erkundigen sich schriftlich bei der Fremdenverkehrszentrale.

Redemittel für Gespräche in der Fremdenverkehrszentrale

Für den Fragenden:

- *sich erkundigen*

  Entschuldigen Sie, ist es (noch) möglich, . . .
  Verzeihen Sie, gibt es (noch) . . .
  Ich möchte gern wissen, ob . . .
  Ich hätte gern gewußt, ob . . .
  Können Sie mir sagen, ob . . .
  Könnten Sie mir erklären, wie . . .
  Könnten Sie mir ein . . . empfehlen?
  Stimmt es, daß . . .

- *Gegenvorschläge machen*

  Und wie wäre es, wenn . . .
  Wäre es nicht möglich, . . .
  Wäre da nicht die Möglichkeit, . . .
  Haben Sie kein . . . ?
  Steht in dem Prospekt nicht, daß . . .
  Haben Sie nicht . . . angeboten?

Für den Antwortenden:

  Sie meinen . . .
  Wollen Sie damit sagen, daß . . .
  Wenn ich Sie richtig verstanden habe, . . .
  Wenn Sie also . . .
  Wie wäre es mit . . .
  Und was halten Sie von . . .
  Wie bitte?

Kapitel 3 Export

Interviews in deutschen Maschinenbau-Unternehmen über Exportstrategien

A 1 Ordnen Sie die Länder der Statistik II den Ländergruppen in der Statistik I zu.

1. Deutscher Maschinenexport nach Ländergruppen

Industrieländer	69,6 %	Europa	57,6 %
		Übersee	12,0 %
Entwicklungsländer	20,4 %	OPEC-Länder	8,4 %
		Schwellenländer	5,8 %
		Sonstige Länder	6,2 %
Staatshandelsländer	10,0 %	Europa	8,0 %
		außereuropäische Länder	2,0 %

II. Die wichtigsten Absatzländer im deutschen Maschinenexport

Land	Mrd. DM	Anteil am Gesamtmaschinenexport in %
Frankreich	6,1	
Großbritannien	4,0	
Vereinigte Staaten	4,0	
Niederlande	3,6	
Italien	3,3	
Belgien-Luxemburg	2,6	
Österreich	2,5	
Schweiz	2,2	
Sowjetunion	2,2	
Jugoslawien	1,9	
Schweden	1,5	
VR China	1,1	

2 %   4 %   6 %   8 %   10 %   12 %

aus: Zukunftsbranche Maschinenbau (Herausgeber: Verein Deutscher Maschinenbau-Anstalten e.V.)

Der deutsche Maschinenbau ist, an der Zahl der Arbeitnehmer gemessen, der größte deutsche Industriezweig. Mit über 1 Mio. Beschäftigten liegt er, was in der Öffentlichkeit meist nicht bekannt ist, noch vor der Elektrotechnik, dem Straßenfahrzeugbau, der Chemie und der Ernährungsindustrie. Er stellt rund 15 Prozent aller Arbeitsplätze der deutschen Industrie.

An der jährlichen Erweiterung des Produktionsapparates der gesamten deutschen Volkswirtschaft haben die Maschinenbauprodukte mit 41 Prozent den bei weitem größten Anteil vor elektrotechnischen Erzeugnissen und Kraftwagen, die mit Anteilen von 22 Prozent und 18 Prozent auf den nächsten Plätzen folgen.

Kein anderer Industriezweig leistet einen so großen Beitrag zum Ausgleich der deutschen Handels- und Dienstleistungsbilanz wie der Maschinenbau, der mit einer Ausfuhr von 56 Mrd. DM in der Rangordnung der exportstärksten Industriezweige deutlich auf Platz 1 liegt, gefolgt von Straßenfahrzeugen mit einer Ausfuhr von 50 Mrd. DM, chemischen Erzeugnissen mit 43 Mrd. DM und elektrotechnischen Erzeugnissen mit 31 Mrd. DM.

Die deutsche Maschinenindustrie exportiert heute rund 56 Prozent ihrer Produktion. Ihre Kunden sind in nahezu allen Ländern der Welt zu finden. Natürlich haben die einzelnen Länder ein unterschiedliches Gewicht. So nimmt Frankreich als größter Abnehmer rund 11 Prozent aller aus Deutschland exportierten Maschinen ab, es folgen Großbritannien und die Vereinigten Staaten mit jeweils 7 Prozent vor den Niederlanden und Italien. Am unteren Ende der Skala stehen Länder wie Nord-Korea oder Guatemala, in die nur 1 Promille des deutschen Maschinenexports gehen.

Das Ausmaß der Exportorientierung der einzelnen Unternehmen im Maschinenbau ist unterschiedlich. Außerordentlich exportintensiv, mit Exportquoten zwischen 70 Prozent und 92 Prozent, sind beispielsweise die Hersteller von Textilmaschinen, Näh- und Bekleidungsmaschinen, Nahrungsmittel- und Verpackungsmaschinen und Maschinen für die Schuh- und Lederindustrie. Die Käufer dieser Maschinen, Hersteller von Konsumgütern, haben heute ihren Sitz überwiegend in Niedriglohnländern bzw. Ländern mit beachtlicher landwirtschaftlicher Produktion. Aber auch Fachzweige wie Druck- und Papiermaschinen und Werkzeugmaschinen, die als Lieferanten der Basisausrüstung für Kommunikation und Industrialisierung anzusehen sind, oder die „Anlagenbauer" Hütten- und Walzwerkseinrichtungen und Bau- und Baustoffmaschinen haben Exportquoten, die über dem Branchendurchschnitt liegen.

aus: Zukunftsbranche Maschinenbau (Herausgeber: Verein Deutscher Maschinenbau-Anstalten e.V.)

A 2 In diesem Text befinden sich sehr viele Zahlenangaben, und zwar in Prozentsätzen und in absoluten Zahlen. Verbinden Sie die nachstehenden Zahlen mit den entsprechenden Aussagen des Textes, und bilden Sie jeweils ganze Sätze.

50 Mrd. DM	15 %	56 %	41 %	1 Mio.
56 Mrd. DM	22 %	31 Mrd. DM	18 %	
7 %	11 %	43 Mrd. DM	92 %	

A 3 Welche Zahlenangaben werden in diesem Text zu Maschinenbau-Industrie der Bundesrepublik Deutschland gemacht?

A 4 Welches sind die wichtigsten Exportartikel Ihres Landes?

A 5 Stellen Sie sich vor, Sie haben in einem Industriebetrieb über die Anschaffung neuer Maschinen zu entscheiden. Nach welchen Gesichtspunkten würden Sie die Lieferfirma auswählen?

Für alle drei Interviews *(Interviews A-C)*

Beantworten Sie beim Hören der Interviews die folgenden Fragen in Stichworten.

	Fa. Böttcher	Fa. Theegarten	Fa. Mammut-Nähmaschinen
Export seit wann?	30 *(Handschrift)*	Beginn 1935	
Höhe des Exportanteils?	30 %	97 %	
In welche Länder?		Weltweit	
Wichtigster Absatzmarkt?		Mosee Afrika	
Aus welchen Gründen?	*(Handschrift)* großes Land	in Industrieländer, viel Nachholbedarf	
Strategien zur Markterschließung?	*(Handschrift)*	*(Handschrift)*	
Eventuell Preissenkungen?	*(Handschrift)*	Nein	
Anpassung der Produkte an den Markt?	*(Handschrift)*	Ja *(Handschrift)*	
Besondere Schwierigkeiten in bestimmten Ländern? Welche?	Brasil	*(Handschrift)*	
Neue Märkte erschließen?	*(Handschrift)*	China	
Konkurrenz?	*(Handschrift)*	Ja Deutsche firmas	

25

Kreuzen Sie jeweils an, welche der unten genannten Punkte in den Interviews A - C erwähnt werden.

Voraussetzungen für die Wettbewerbsfähigkeit auf dem Weltmarkt:

	A	B	C
Produktqualität			
Anpassungsfähigkeit an die jeweiligen Märkte			
hochgradige Spezialisierung			
breites Sortiment			
enge Verbindung zwischen Forschung und Produktion			
leistungsfähiges Vertriebsnetz			
kurze Lieferfristen			
guter Kundendienst			
günstige Kreditkonditionen			
staatliche Exportförderung			
günstige Währungsparitäten			

Interview A
Gespräch mit einem Druckwalzenhersteller (Fa. Böttcher)

B 1 Entsprechen die folgenden Aussagen dem Textinhalt oder nicht?

1. Die Firma hat schon immer exportiert.
2. Der Exportanteil beträgt 90 %.
3. Die Firma hat in jedem Exportland eine eigene Niederlassung.
4. In Ostblockstaaten ist die Firma nicht direkt vertreten.
5. Qualitätsprodukte können nicht unter ihrem Preis verkauft werden.
6. Brasilien ist ein besonders guter Absatzmarkt für die Firma.
7. Als Druckwalzenhersteller arbeitet die Firma für den Export mit den Druckmaschinenherstellern zusammen.
8. Der Fernost-Markt ist von der Firma noch nicht genügend erschlossen.
9. Die Firma hat zwar Konkurrenten im Ausland, aber nicht in der Bundesrepublik.

B 2 Suchen Sie die entsprechenden Formulierungen in dem Interview.

1. Der Exportanteil macht 30 % _____
   der Gesamtproduktion aus. _____

2. Frankreich steht beim Export _____
   an erster Stelle. _____

3. sich mit Einzelbestellungen _____
   befassen _____

4. Produkte zu Schleuderpreisen _____
   anbieten _____

5. Die Grenzen sind geschlossen. _____

_____

6. Die Messe hat vom 4. - 17. Juni _____

in Düsseldorf stattgefunden. _____

B 3 Ergänzen Sie sinngemäß.

1. Der direkte Export beträgt 30 %, aber . . .
2. Frankreich ist unser bester Kunde, deshalb . . .
3. Da wir uns mit Einzelbestellungen nicht abgeben können, . . .
4. In Brasilien werden zwar Druckwalzen hergestellt, aber . . .
5. In Europa sind wir überall gut vertreten, aber . . .
6. Auf der DRUPA haben sich Unternehmen an uns gewandt, um . . .
7. Unsere Konkurrenten sind zwar weniger spezialisiert, aber . . .

Interview B
Gespräch mit einem Verpackungsmaschinen-Hersteller (Fa. Theegarten)

B 1 Ordnen Sie einander zu.

1. Die sich entwickelnden Länder
2. Preiskonzessionen
3. Ein Devisentransfer aus Nigeria
4. In jedem Land der Welt
5. Die Situation in der Süßwaren-
   industrie
6. Die Schwerpunkte beim Export
7. Die Preise der Firma
8. Die deutschen Banken
9. Der Süßwarenmarkt
10. Geschulte Vertreter
11. Die nigerianische Zentralbank
12. Verhandlungen mit der
    Sowjetunion
13. Afrika
14. Die Zahl der deutschen
    Süßwarenfirmen
15. Jede gelieferte Maschine
16. Der chinesische Markt
17. Eine klare Tendenz
18. Das Vertretersystem
19. Der Ausfall von Debitoren
20. In den weniger entwickelten
    Ländern
21. Die Erschließung neuer Märkte
22. Ein kleiner eigener Vertriebsstab

a) sind mit den erforderlichen Aufschlägen für
   Vertriebskosten kalkuliert.
b) ist zur Zeit nicht möglich.
c) nimmt immer mehr ab.
d) läßt sich nicht feststellen.
e) bemüht sich intensiv um den Export.
f) wird auf speziellen Kundenwunsch
   gefertigt.
g) ist sehr gut ausgebaut.
h) ist eigentlich fast nicht mehr möglich.
i) stellt keine Devisen zur Verfügung.
j) ist nicht so rosig.
k) verschieben sich von Jahr zu Jahr.
l) weigern sich im Moment, Akkreditive aus
   Nigeria zu bestätigen.
m) kann sehr stark investiert werden.
n) ist in diesem Jahr Nummer eins.
o) haben einen starken Nachholbedarf.
p) spricht auch Länder mit geringer Kaufkraft
   an.
q) nehmen die Interessen der Firma in den
   einzelnen Ländern wahr.
r) dauern erfahrungsgemäß sehr lange.
s) ist momentan noch völlig unerschlossen.
t) sind in manchen Ländern nicht zu
   vermeiden.
u) ist glücklicherweise recht selten.
v) arbeitet ein eigener Vertreter auf
   Provisionsbasis.

B 2 Ergänzen Sie.

Der Inlandsabsatz ist äußerst gering (3 %), weil . . .
> (immer stärkere Konzentration der Süßwarenindustrie, nur Ersatzbedarf, wirtschaftliche Situation)

Afrika ist im Augenblick der Absatzmarkt Nummer eins, weil . . .
> (Nachholbedarf, trotz geringer Kaufkraft, starker Konsum, hohe Rendite, hohe Investitionen)

Ein zentraler Punkt ist der Vertreterstab. Die Vertreter vor Ort müssen . . .
> (technisch geschult, fachkundig; Kundendienst-Service, sachverständige Beratung)

Konzessionen bei den Preisen und den Zahlungskonditionen lassen sich nicht immer vermeiden. In manchen Ländern muß man . . .
> (längerfristige Finanzierung, günstiger Zinssatz, handeln, Rabatte)

Manche Länder bremsen oder stoppen die Einfuhren aus politischen oder wirtschaftlichen Gründen. Im Handel mit Nigeria z.B. ist die Situation zur Zeit die folgende: . . .
> (keine Devisentransfers, Akkreditiv-Bestätigungen, lokale Währung)

Die Möglichkeit, neue Märkte zu erschließen, ist sehr begrenzt, weil . . .
> (schmaler Bereich, auf dem Weltmarkt schon stark vertreten)

allerdings . . .
> (China: Messe in Kanton, großes Potential, völlig unerschlossen; UdSSR: langjährige Bemühungen)

Die Konkurrenz ist nicht sehr stark, auch wenn es mit einigen Firmen von der Produktion her Überschneidungen gibt, denn . . .
> (Zusammenarbeit, Großprojekte, komplette Anlagen)

B 3 Ergänzen Sie entsprechend dem Text.

40 % des Exports geht in europäische Länder, der Rest _____ .

Es gibt keine klare Tendenz bei der Absatzentwicklung, die Schwerpunkte _____

_____ sich von Jahr zu Jahr.

Beim außereuropäischen Export spielen vor allem Afrika, die USA, _____

Staaten wie Iran und Irak und auch einige _____änder (Malaysia und die

Philippinen z.B.) eine große Rolle.

Die Firma _____ sich sehr stark auf ihren Vertreter _____

_____ .

Die Vertreter sind nicht fest bezahlt, sie arbeiten _____ .

Die Vertreter müssen technisch _____ und fach_____ sein,

um die Interessen ihrer Firma _____ zu können.

Manche Firmen setzen _____ Preise an, um dann _____

gewähren zu können.

Die Firma produziert nicht auf Lager, sondern arbeitet rein _____ .

Die Firma ist grundsätzlich immer daran interessiert, neue Märkte zu _____,

sieht aber im Augenblick nur einen einzigen noch wirklich _____ Markt.

Interview C
Gespräch mit einem Spezialmaschinen-Hersteller (Mammut-Nähmaschinen)

B 1 Kreuzen Sie die jeweils zutreffende Antwort an.

1. Die Firma Mammut stellt her:
        a) Waschmaschinen
        b) Mähmaschinen
        c) Nähmaschinen
        d) Schreibmaschinen

2. Die Firma Mammut erschließt neue Märkte, indem sie
        a) zu Dumping-Preisen anbietet
        b) zu überhöhten Preisen anbietet
        c) auf Messen ausstellt
        d) auf Jahrmärkten ausstellt

3. Den größten Exportanteil hatte im vergangenen Jahr
        a) Spanien
        b) Frankreich
        c) Italien
        d) Brasilien

4. Keine Schwierigkeiten durch bürokratische Hindernisse oder Devisenmangel gibt es bei dem Export
        a) nach Portugal
        b) in arabische Staaten
        c) nach Argentinien
        d) nach Großbritannien

5. Bei dem Ostblock-Geschäft hat die Fa. Mammut Schwierigkeiten, weil
        a) keine Devisen bereitgestellt werden
        b) dort an ihren Erzeugnissen nur sehr geringer Bedarf besteht
        c) keine Einfuhrlizenzen erteilt werden
        d) die japanische und amerikanische Konkurrenz dort sehr stark ist

6. Im Bereich der elektronisch gesteuerten Zusatzeinrichtungen hat die Fa. Mammut
   a) Konkurrenz in Japan
   b) Konkurrenz in Amerika
   c) Konkurrenz in der Bundesrepublik
   d) keine Konkurrenz

B 2 Ordnen Sie einander zu.

1. Wir erschließen neue Märkte,
2. Wir haben Konkurrenten,
3. Besondere Schwierigkeiten gibt es mit Ländern,
4. Oft scheitert die Abwicklung eines Geschäftes daran,
5. Während unser Exportanteil vor 20 Jahren 50 % betrug,
6. Wir haben ein festes Produktions- programm,
7. Wir sind die einzige deutsche Firma,
8. Einen neuen Markt können wir nicht durch Preissenkungen erobern,
9. Schwierigkeiten ergeben sich nicht nur aus bürokratischen Hemmnissen,
10. Um unsere Nähmaschinen konkurrenzfähig zu halten,

a) die über ein derartiges Produktions- programm verfügt.
b) ist er inzwischen auf 80 % angewachsen
c) sondern z.B. auch aus Mangel an Devisen.
d) indem wir auf Fachmessen ausstellen.
e) das wir je nach Bedarf des Kunden ergänzen.
f) denn der Preis wird aufgrund der Kosten kalkuliert.
g) haben wir einen elektronisch gesteuerten Automaten entwickelt.
h) und zwar hauptsächlich in Japan und Amerika.
i) die Einfuhrlizenzen verlangen.
j) daß die Devisen nicht bereitgestellt werden.

Für alle drei Interviews (Interviews A-C)

Geben Sie - unter Benutzung eines der folgenden Satzanfänge - Ihre begründete Meinung zu folgenden Behauptungen:

1. Brasilien verbessert seine wirtschaftliche Lage durch Importstopp.
   a) Ich meine, . . .
   b) Kann sein, aber . . .

   Importrestriktionen schaden dem Wettbewerb.
   a) Das stimmt ganz und gar nicht, denn . . .
   b) Vielleicht, Sie dürfen aber nicht übersehen, daß . . .
   c) Dem möchte ich zustimmen, denn . . .

2. Neue Märkte lassen sich nur mit Dumpingpreisen erschließen.
   a) Das möchte ich energisch bestreiten, weil . . .
   b) Das bezweifle ich, weil . . .
   c) Es gibt natürlich Ausnahmen, aber meistens . . .

Qualitätsprodukte sind grundsätzlich teuer.
> a) Das kann man so nicht behaupten, denn . . .
> b) Ja, aber ich kenne einige Ausnahmen . . .
> c) Davon bin ich hundertprozentig überzeugt, weil . . .

3. Wenn ein Land nicht über Devisen verfügt, kommen keine Exportgeschäfte zustande.
> a) Da bin ich nicht Ihrer Meinung, denn . . .
> b) Es fällt mir aber gerade ein, daß . . .

>> Devisenüberschüsse sind kein Garant für wirtschaftliche Macht.
>> a) Da kann ich Ihnen nicht zustimmen, denn . . .
>> b) Sicher, denn die OPEC-Länder zum Beispiel . . .

Interview über die Möglichkeiten der Exportfinanzierung

Interview D

Die Finanzierung von Exportgeschäften stellt man sich häufig nicht nur kompliziert, sondern auch risikoreich vor. Aber im Grunde genommen geht ein Lieferer bei jedem Verkauf das Risiko ein, von seinen Kunden nicht bezahlt zu werden.

Bei Inlandsgeschäften ist der Lieferer allerdings durch den sogenannten Eigentumsvorbehalt geschützt, der besagt, daß die gelieferte Ware solange Eigentum des Verkäufers bleibt, bis sie vollständig bezahlt worden ist. Beim Export liegen die Dinge anders: die Handelsgesetzgebungen der einzelnen Länder weichen stark voneinander ab, die Entfernungen sind zum Teil sehr groß, die politische und wirtschaftliche Lage im Land des Käufers kann sich plötzlich ändern.

Nachstehend ein Beispiel aus der Praxis eines mittelständischen Maschinenbau-Unternehmens:

Die Firma hatte für einen Kunden Spezialmaschinen gefertigt. Das Land des Kunden wurde zahlungsunfähig. Es sperrte daraufhin nicht nur die Vergabe von Akkreditiven, sondern löste auch die laufenden Akkreditive nicht mehr ein. Nach über einem Jahr wurden die Akkreditive wieder freigegeben. Die Lieferfirma erlitt einen doppelten Verlust: Sie hatte für diese Zeit keine Zinsen erhalten, und das Geld war durch die Inflation inzwischen weniger wert.

Risiko-Absicherung

Risiken	Mögliche Schädigung	Absicherung
Wirtschaftliches Risiko	Konkurs, Zahlungsunfähigkeit oder Zahlungsunwilligkeit des Schuldners	Unwiderrufliches Akkreditiv, Bankgarantie, Hermes-Deckung, freie Kreditversicherung
Fabrikations-risiko	Ein besonders angefertigtes Produkt wird nicht abgenommen, willkürliche Auftragsannullierung	Anzahlung, Vorauszahlung, unwiderrufliches bestätigtes Akkreditiv, Hermes-Deckung
Politisches Risiko	Krieg, Revolution, Unruhen, staatliche Sondermaß-nahmen, politische Wirren	Bestätigtes Akkreditiv, Hermes-Deckung
Kurs- und Währungsrisiko	Währungsschwankungen	Devisentermingeschäft, Fremd-währungskredit, Hermes-Deckung

A 1 In dem Schema "Risiko-Absicherung" wird die Hermes-Deckung aufgeführt. Welcher Abschnitt in der vorstehenden Anzeige bezieht sich auf diese Hermes-Deckung?

B 1 Welche der folgenden Formulierungen entspricht jeweils dem Textinhalt?

Die Finanzierung von Exportgeschäften ist
- eigentlich nicht anders als die der inländischen Geschäfte
- grundsätzlich zu unterscheiden von Geschäften im Inland
- viel schwieriger als die von Inlandgeschäften
- von Ausnahmen abgesehen anders als die von Inlandgeschäften

Das Akkreditiv wird
- von der Hausbank im Exportland mit einer ihrer Zweigstellen im Importland abgewickelt
- zwischen zwei Landesbanken abgewickelt
- von der Hausbank des Verkäufers eröffnet
- von der Hausbank des Verkäufers in Absprache mit einer Bank im Einfuhrland abgewickelt

Ein exportierendes Großunternehmen hat
- andere Formalitäten zu erfüllen als eine kleinere Firma
- eher die Möglichkeit, das Geschäft vor Ort abzuwickeln
- zur Geschäftsabwicklung Niederlassungen zu gründen
- die Möglichkeit, das Geschäft ohne Einschaltung einer korrespondierenden Bank abzuwickeln

Risiken im Exportgeschäft sind bedingt durch
- zu hohe Devisenvorräte im Importland
- den unterschiedlichen Lebensstandard im Import- und Exportland
- nicht einkalkulierbare politische und währungspolitische Änderungen
- die Verstaatlichung von Unternehmen in der Bundesrepublik, die sich dann nicht mehr an abgeschlossene Verträge gebunden fühlen

Hermes deckt
- Verluste aufgrund von Währungsschwankungen
- politische Risiken
- Verluste, die sich wegen mangelnder Produktqualität ergeben
- bei Auftreten von zahlreichen Schadenfällen eine prozentual geringere Schadensumme

Eine Aufwertung der DM hat - nach Ansicht des Gesprächspartners - zur Folge, daß
- die Waren im Ausland zwar teurer werden, zugleich aber auch als wertvoller eingeschätzt werden
- die importierenden Länder ihre eigenen Waren in der Bundesrepublik teurer verkaufen können, und zwar durch ein bestimmtes Marketingkonzept

Die Zinspolitik der Bundesrepublik
- ist unabhängig von der im übrigen Europa und in Übersee
- wird sich über längere Zeit nicht ändern
- ᪥ steht im Zusammenhang mit einer Abwertung der DM
- und die Entwicklung der Inflationsrate sind voneinander unabhängig

Bei einer Zinssenkung im eigenen Land muß der Exporteur, um konkurrenzfähig zu bleiben,
- die Verkaufspreise anheben
- ᪥ die Verkaufspreise senken
- die Verkaufspreise unverändert lassen und die Differenz als Gewinn vereinnahmen
- höhere Investitionen vornehmen

B 2 Ordnen Sie die Begriffe a) - l) den Definitionen 1. - 12. zu.

a) Anlagenbau	e) Niederlassung	i) Konkurrenzfähigkeit
b) Akkreditiv	f) Zahlungsziel	j) Zinsen
c) Konnossement	g) Versicherung	k) Produktivität
d) Hausbank	h) Aufwertung	l) Inflation

1. Ein kurzfristiger Warenkredit, bei dem der Lieferer dem Kunden eine Frist für die Begleichung der Rechnung gewährt.

2. Ein Dokument, das seinen Besitzer als Eigentümer einer per Schiff versandten Ware ausweist. (Auch: Seefrachtbrief)

3. Vorsorge für einen eventuell eintretenden Schadensfall.

4. Der stetige Anstieg der Lebenshaltungskosten.

5. Die Zusicherung einer Bank im Lande des Verkäufers, für Rechnung des Käufers, dem Verkäufer gegen Übergabe der Versanddokumente sofort den Rechnungsbetrag auszuzahlen, den ihr der Käufer anschließend unter Einschaltung einer Bank in seinem eigenen Land gegen Aushändigung der Versanddokumente begleicht.

6. Der Preis für das zeitweilige Zurverfügungstellen von Geld.

7. Die Erhöhung des Wertes einer Währung gegenüber anderen Währungen.

8. Die Beziehung zwischen dem Produkionsergebnis (Output) und den zur Produktion eingesetzten Gütern und Arbeitsleistungen (Input).

9. Die Tatsache, sich gegenüber anderen auf dem Markt behaupten zu können.

10. Der selbständig arbeitende Teil eines Betriebes (Geschäftsstelle o.ä.) an einem anderen Ort als an dem des Hauptbetriebs.

11. Das Kreditinstitut, mit dem ein Unternehmen ständig zusammenarbeitet.

12. Wirtschaftszweig, der sich mit dem Bau von Maschinen und Produktionsstätten beschäftigt.

B 3 Füllen Sie die Leerkästchen entsprechend den Aussagen des Interviewtextes aus.

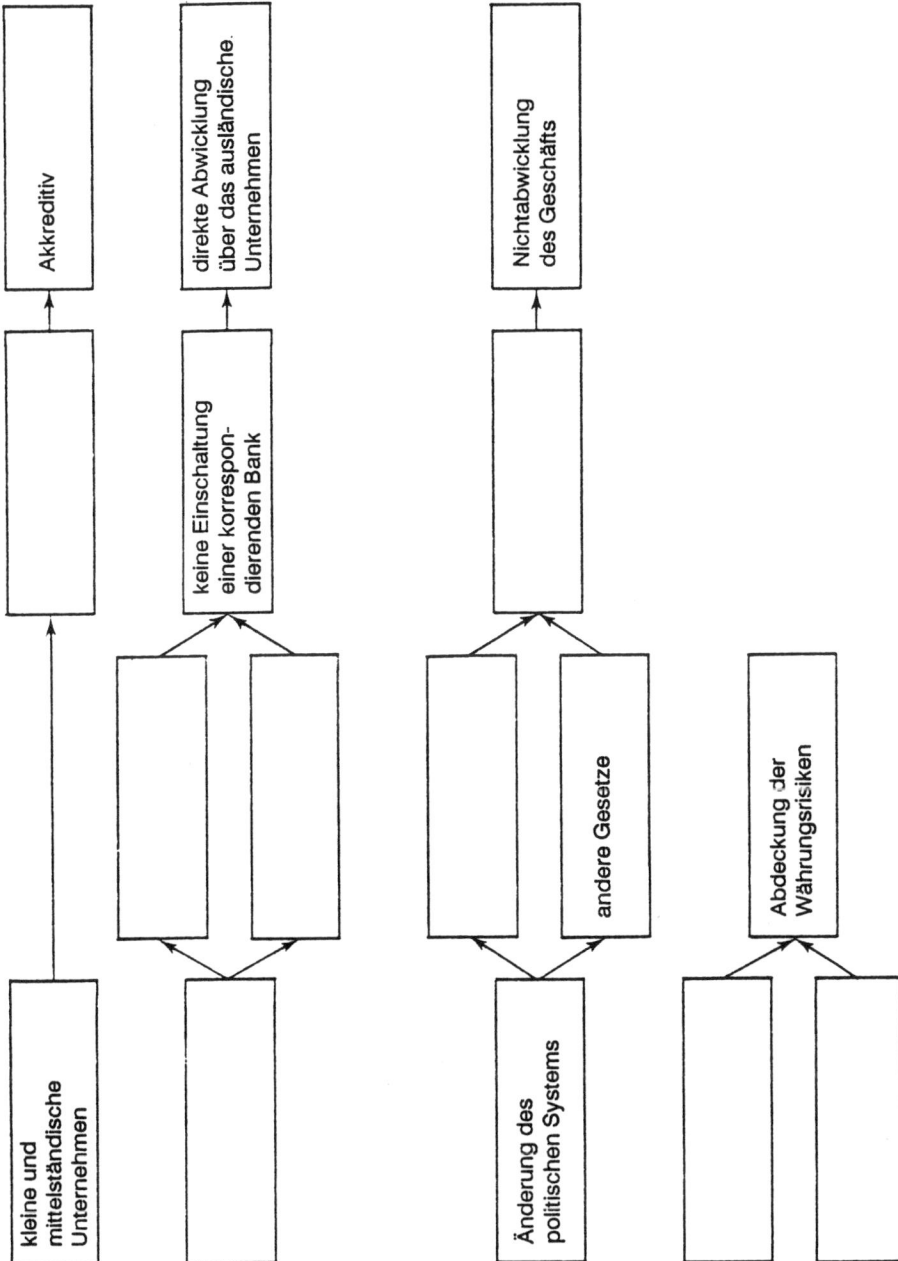

Akkreditiv

direkte Abwicklung über das ausländische Unternehmen

Nichtabwicklung des Geschäfts

keine Einschaltung einer korrespondierenden Bank

kleine und mittelständische Unternehmen

andere Gesetze

Abdeckung der Währungsrisiken

Änderung des politischen Systems

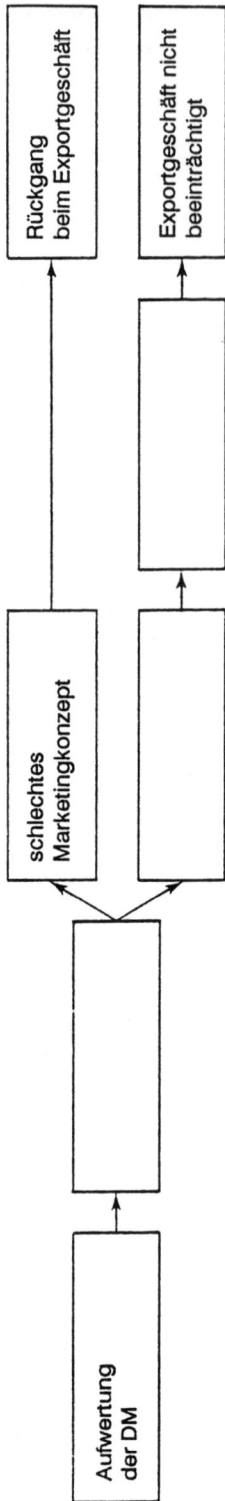

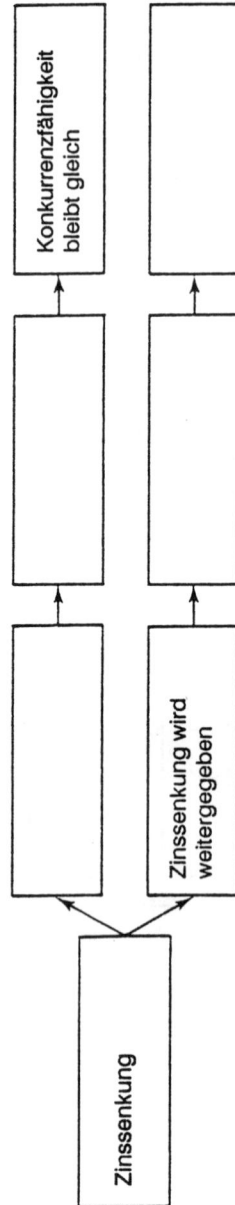

B 4 Sie sind Exportleiter einer großen Firma in der Bundesrepublik. Erklären Sie, welche Auswirkungen die folgenden Ereignisse - die hier in Form von Presse-Schlagzeilen wiedergegeben sind - auf Ihr Exportgeschäft haben könnten, und beziehen Sie sich dabei so weit wie möglich auf das Interview, das Sie gehört haben.

> "Unbefristeter Streik der Bankangestellten in den USA"

> "Sri Lanka hat am 1. April den gesamten Handel verstaatlicht"

> "Leere Kassen - Regierung plant die Abschaffung der Hermes-Exportversicherung"

> "DM um 5 % abgewertet"

> "USA senken ihren Richtzinssatz um drei Punkte"

Interview in einem international arbeitenden Markenartikelunternehmen über das Exportgeschäft (Firma 4711)

Interview E

A 1 Sie wollen einen typischen Konsumartikel Ihres Landes exportieren. Würden Sie dazu

- Niederlassungen (Vertretungen) im Ausland gründen,
- versuchen, direkte Abnehmer im Ausland zu finden,
- die Produkte von Partnern im Ausland herstellen lassen (Lizenzen)?

Begründen Sie Ihre Entscheidung.

Nachstehend einige Punkte, die bei Ihrer Entscheidung eine Rolle spielen könnten:

- Größe des Absatzmarktes in den einzelnen Ländern
- Kosten
- wirtschaftliche Perspektiven
- politische Stabilität
- Zollvorschriften; Importformalitäten für die Abnehmer
- systematische Marktbearbeitung
- persönlicher Kontakt mit den Abnehmern
- Zahlungsabwicklung
- Schnelligkeit der Lieferungen
- einheitlicher Qualitätsstandard
- umfassende Kontrolle der gesamten Abwicklung

B 1 Welche der folgenden Fragen werden in dem Interview gestellt?

    1. Wie und wo vertreiben Sie Ihre Produkte?
    2. Arbeiten Sie mit einem festen Netz von Vertretern?
    3. Wie sind Sie im Ausland vertreten?
    4. Haben Sie Handel mit Ostblockländern?
    5. Gewähren Sie Ihren ausländischen Abnehmern längere Zahlungsziele?
    6. Aus welchen Ländern führen Sie die Grundessenzen ein?
    7. Wie versuchen Sie Ihre Wettbewerbsfähigkeit zu verbessern?
    8. Welche Firma ist Ihr größter Konkurrent?
    9. Wie hoch ist Ihr Marktanteil?
  10. Entwickeln Sie zur Zeit neue Produkte?
  11. Wie stellen Sie den Bedarf nach neuen Produkten fest?
  12. Haben Sie eine eigene Werbeabteilung?
  13. Haben Sie Ihren Marktanteil im vergangenen Jahr erhöhen können?
  14. Wie beschreiben Sie das Image Ihrer Produkte?
  15. Wie groß ist Ihre Belegschaft?
  16. Wie sehen Sie die Zukunft Ihrer Sparte?

B 2 Welche der folgenden Aussagen stimmen mit dem Interviewtext überein?

    1. Wir vertreiben über den Fachhandel.
    2. Unser Export nach Südamerika ist nach dem 2. Weltkrieg stark zurückgegangen.
    3. In Brasilien werden unsere Produkte ohne Alkoholzusatz verkauft.
    4. In einigen Ländern haben wir eigene Produktionsstätten.
    5. Wir treiben intensiven Handel mit den Ostblockländern.
    6. Die Parfümeriebranche ist relativ unempfindlich gegen wirtschaftliche
       Schwankungen.
    7. Grundsätzlich sind wir daran interessiert, Fertigwaren zu exportieren.
    8. Vor einigen Jahren haben wir eine Produktlinie speziell für Männer entwickelt.
    9. Der Export in die Ostblockländer hängt von günstigen Krediten ab.
  10. Seit einiger Zeit stellen wir auch Arzneimittel her.
  11. Wir bemerken zur Zeit einen leichten Absatzrückgang.
  12. Wir sind in 54 Ländern vertreten.
  13. Wir gehören zu den drei größten Anbietern in Deutschland.
  14. Vom Image her liegen wir im gehobenen Mittelfeld.
  15. Unser Exportanteil liegt bei 40 %.
  16. Unser Absatz ist sehr stark von einer günstigen Konjunkturentwicklung abhängig.

B 3 Erläutern Sie in etwa zehn Zeilen, auf welche Schwierikeiten 4711 beim Export stößt.

    Beschreiben Sie die Gründe für die Einfuhrbeschränkungen.

B 4 Warum glaubt 4711, in Krisenzeiten überleben zu können?

B 5 Können Sie sich vorstellen, daß Schönheitsmittel einmal überflüssig werden? Warum (nicht)?

B 6 Schreiben Sie Werbeslogans

       a) für ein Parfüm
       b) für ein Kosmetikprodukt

Kapitel 4 Alternative Unternehmen

A 1   Was stellen Sie sich darunter vor?

- alternatives Reisen
- alternatives Wohnen
- alternative Erziehung
- alternative Ernährung
- alternative Landwirtschaft
- alternative Energiegewinnung

Mein Chef bin ich

Die einen sind ohne Arbeit, die anderen wollen ihre Arbeit nicht mehr. „Aussteigen" heißt hier: selber etwas machen, nicht mehr tun, was der Chef will. Das wichtigste für eine eigene Firma sind gute Ideen und ein wenig Startkapital. Der Staat unterstützt jede Initiative. „Nachwuchs-Unternehmer", die mindestens 21 Jahre alt sind, bekommen Kredite mit günstigen Zinsen. Nicht immer geht alles gut. Aber manche Karriere hat so begonnen:

„Safteck": Obst zum Trinken

Daniel (25) und Wolfram (24) sind Sportler-Typen. Der Sieg über die eigene Schwäche ist für sie wichtiger als der Wettbewerb gegen andere. Daniel will Diplom-Betriebswirt werden (Wirtschafts-Fachmann), Wolfram Psychologe. Daniel und Wolfram sind Freunde seit der Schulzeit. Ihre reichen Eltern wollten ihnen ein Studium an der Universität bezahlen. Aber das wollten die beiden nicht. Das war für sie zu einfach und bequem. Bequemlichkeit ist langweilig, eine Sache für später. Soziale Sicherheit durch eigenes Können - das stärkt das Selbstvertrauen.
Ihre Idee ist einfach: ein kleiner Kiosk, wo man Saft von ganz frischem Obst trinken kann. Der Kiosk steht im Frankfurter Hauptbahnhof und ist zwischen sechs Uhr morgens und 22 Uhr abends geöffnet. Man braucht dazu eine Saftpresse, einen Mixer, einen Kühlschrank und jeden Tag frische Früchte.
Und es funktioniert: Das „Safteck" kämpft erfolgreich gegen Alkohol, Cola und Kaffee. Die „Biowelle" hilft dabei: Frische, gesunde Sachen sind beliebt. Der Kiosk steht gut: Jeden Tag gehen etwa 50 000 Menschen durch den Hauptbahnhof. Im Sommer haben sie Durst. Da kommen die kühlen, frischen Getränke gerade richtig.
Schon gibt es ein „Safteck 2" im Hauptbahnhof. Es ist ein Wagen. Man muß ihn jeden Morgen aufbauen, denn er steht über Nacht in der Gepäckaufbewahrung der Bundesbahn. Auch für die Saftecken Nummer 3, 4 und 5 gibt es schon Pläne. Aber zuerst muß das Unternehmen auf festen Beinen stehen. Dann wollen Daniel und Wolfram wieder auf die Universität gehen. Die Saftecken sollen dann „alleine" laufen - das heißt: mit bezahlten Mitarbeitern. Aber das ist ein Problem. Der erste neue Mitarbeiter war nur einen Tag da. Am Abend nahm er die Kasse von „Safteck 1" mit und wurde nie wieder gesehen ...

Isofloc: einfach Zeitungspapier

Zu wenig Mut hat Uwe Welteke nicht. Das Abitur machte er schon mit 16. Zwei Jahre später war er plötzlich Tischlergeselle. Erst danach wurde er Student an der Gesamthochschule in Kassel. Fachrichtung Ökonomie und Ökologie. Nebenbei hat er gearbeitet und Geld verdient. Er restaurierte alte Häuser und wurde Spezialist für Fachwerk (aus Holz). Ende 1982 hörte er auf, weil es zuviel wurde. Er studierte weiter und suchte Geldgeber für seine Idee: Uwe will ein „grünes" Produkt herstellen, einen umweltfreundlichen Isolierstoff. Aber die Firma soll Uwe nicht zum reichen Mann machen. Sie soll alle Gewinne an soziale Organisationen abgeben.

370 000 Mark hat Uwe schon, aber es fehlen noch 200 000, denn die Firma „Ökologische Bautechnik GmbH, Hirschhagen"muß über die schwere Anfangszeit hinwegkommen. Uwe muß Mitarbeiter bezahlen und Reserven bilden.

Alles andere ist schon da: die Maschinen und das Verfahren. Horst Manthau aus Kanada hat die Methode erfunden, wie man aus altem Zeitungspapier Isolierstoff herstellen kann: das billigste biologische Isoliermaterial. Auch die Produktion selber ist umweltfreundlich. Die Maschinen brauchen kein Wasser, nur wenig Energie und machen keine Abgase. Sie machen aus altem Papier eine feine, lockere Wolle. Das Material brennt nicht und nimmt kein Wasser an. Man kann es mit den Händen oder mit Maschinen in Hohlräume (z.B. unter einem Dach) füllen. So bleibt die Wärme im Haus, und die kalte Luft kommt nicht herein. Kleine Aufträge kann Uwe Welteke schon jetzt ausführen. Für größere Mengen braucht er mehr Leute - also auch mehr Startkapital.

Holzkoop: Alle sind Chef

Aus dem Telefon kommt: „Holzkopp!"* Es klingt wirklich so. Aber es soll „Holzko-op" heißen (für Holz-Kooperative). Es ist eine „alternative" Firma.

„Holzkoop" hat keinen Chef, nur Mitarbeiter. Aber das Gesetz will, daß n einem Handwerksbetrieb ein Meister die Verantwortung trägt. Hier ist es der Tiscl rmeister Klaus David, der älteste in der Gruppe. Er hat den Betrieb gegründet. Außer em gibt es noch Wolfgang (er hat bei „Holzkoop" seine Meisterprüfung mit „sehr gut" bestanden), zwei Gesellen (nicht mehr Lehrling und noch nicht Meister) und auch zwei Lehrlinge. Jeder hat das gleiche Recht, denn jeder von ihnen hat das gleiche Geld in die Firma eingebracht: 5000 Mark. (Dazu kam noch ein Bank-Kredit von 60 000 Mark).

Reich kann hier niemand werden. Ein Meister verdient nicht mehr als ein Geselle. Nur wer Kinder hat, bekommt 300 Mark mehr für jedes Kind. Sie bauen Möbel und Holzeinrichtungen für Läden und Wohnungen. Sie verwenden nur natürliche Materialien, wie zu Großvaters Zeiten. Was sie bauen, bauen sie solide. Keine Wegwerfartikel. „Holzkoop"-Sachen kann man auch noch an die Enkelkinder weitergeben.

Das Team wünscht sich noch eine Frau als Mitarbeiterin, eine Tischlergesellin. Viele Frauen haben „Holzkoop" schon besucht, denn Frauen in Männerberufen sind oft arbeitslos. Aber keine wollte bleiben. Eine Firma ganz ohne Chef, wo jeder selber die Verantwortung tragen muß und wo man auch noch 5000 Mark verlieren kann - das ist kein kleines Risiko.

Aus: Jugend-Scala, 1984

A 2 Welche Punkte sind den drei beschriebenen alternativen Unternehmen gemeinsam?

---

* Holzkopf = Schimpfwort für dumme Leute   41

Interviews in alternativen Unternehmen *(Interviews A - B)*

Interview A
Gespräch mit einem Vertreter des Taxifahrer-Kollektivs »Schwarz-roter Reifen«

B 1 Entsprechen die folgenden Aussagen dem Textinhalt oder nicht?

1. Alle Mitglieder des Kollektivs haben zuerst eigenes Geld einzahlen müssen.
2. Sie sind alle Lizenzinhaber der beiden Taxis.
3. Der Lohn der Mitglieder des Kollektivs ist unabhängig von der tatsächlich geleisteten Arbeitszeit.
4. Der Lohn der Mitglieder des Kollektivs richtet sich nach der Anzahl und der Länge der Fahrten.
5. In einem herkömmlichen Taxiunternehmen verdient ein Fahrer in umsatzschwachen Zeiten weniger.
6. Die Mitglieder des Kollektivs haben Anspruch auf fünf Wochen bezahlten Urlaub pro Jahr.
7. Alle Mitglieder des Kollektivs sind als Arbeitnehmer sozialversichert.
8. Das interviewte Mitglied des Kollektivs betrachtet seine Arbeit als Beitrag zum Umweltschutz.

B 2 Ergänzen Sie.

1. Die fünf Taxifahrer haben ein Kollektiv gegründet, weil . . .
2. Zur Zeit läuft das Taxigeschäft nicht sehr gut, und deshalb müssen die Mitglieder darauf achten, . . .
3. Im Krankheitsfall zahlt die Lohnausfallversicherung einen bestimmten Prozentsatz . . .
4. Ein eventueller Überschuß dient unter anderem auch dazu, . . .
5. Einmal in der Woche trifft sich das Kollektiv, um . . .
6. Jedes Mitglied des Kollektivs erhält einen festen Stundenlohn, unabhängig davon, . . .
7. Praktisch gesehen, gehören die beiden Taxis allen Mitgliedern des Kollektivs, offiziell allerdings . . .

B 3 Stellen Sie sich vor, Sie könnten Ihre derzeitige (bzw. künftige) berufliche Tätigkeit in einem Kollektiv ausüben.

1. Ordnen Sie die folgenden Punkte in der Reihenfolge der Wichtigkeit, die sie für Sie haben, und fügen Sie evtl. weitere hinzu.

2. Erläutern Sie, welche Änderungen Sie evtl. durchführen möchten.
   a) freie Einteilung der Arbeitszeit
   b) Dauer der wöchentlichen Arbeitszeit
   c) Länge des Urlaubs

d) Höhe der Vergütung
e) Kriterien für die Vergütung
f) Mitbestimmung
g) Miteigentum an den Produktionsmitteln
h) Beziehungen zu den Arbeitskollegen
i) Abschaffung der Hierarchie
j) soziale Leistungen

Interview B
Gespräch mit einer alternativen Verlegerin

B 1 Ordnen Sie einander zu.

1. Es gibt Autoren, die Bestseller geschrieben haben und die dann nachher keinen Einfluß mehr darauf hatten,
2. Das große Geld haben die Verlage gemacht,
3. Es solte eine Verlagsform gefunden werden,
4. Gerade alternative Projekte zeichnen sich oft dadurch aus,
5. In Kollektiven wird sehr viel Zeit darauf verwendet,
6. Die Entscheidung zur Gründung einer GmbH wurde getroffen,
7. Der Verlag in Form der GmbH zahlt jeden Monat ein Gehalt,
8. Gerade alternative Projekte sollten sich die Vorteile sichern,

a) sich auf einen gemeinsamen Konsens zu einigen.
b) daß die Honorarfrage sehr oberflächlich geregelt wird.
c) wie die Verlage mit ihren Büchern umgegangen sind.
d) das dann steuertechnisch wieder abgesetzt werden kann.
e) weil sich durch diese Rechtsform steuerliche Vorteile ergeben.
f) die den Autoren genügend Rechte beläßt und sie am Erfolg beteiligt.
g) die die Steuergesetzgebung legal bietet.
h) während die Autoren nur ein geringes Honorar erhalten haben.

B 2 Ergänzen Sie.

1. . . . , während die Verlage das große Geld mit diesen Bestsellern gemacht haben.
2. . . . , um die Kontrolle bei der Werbung, der Aufmachung und der Verbreitung in der Hand zu behalten.
3. . . . , die ihnen im Gegensatz zu den üblichen Verträgen ganz viele Rechte belassen und sie am Erfolg beteiligen.
4. . . . , daß es in jedem Kollektiv letztlich immer eine Person gibt, die das Sagen hat.
5. . . . , einen Konsens zu finden.
6. . . . , und deswegen wäre ein Kollektiv eigentlich eher eine verlogene Angelegenheit gewesen.
7. . . . , konnte ich mir z.B. kein Gehalt zahlen.

8. . . . , das dann steuerlich wieder abgesetzt werden kann.
9. . . . , die zwischen vier und sechs Prozent liegt.
10. . . . , sondern weil sie sehr gute Arbeit machen und sehr verbindlich sind in ihrer
   Arbeit.

B 3   Sie sind der Verfasser eines Manuskriptes, auf dessen Veröffentlichung Sie außerordentlich großen Wert legen. Sie können sich an eines der großen Verlagshäuser bzw.
an einen alternativen Verlag wenden, oder Sie bringen das Buch im Selbstverlag
heraus.

Überlegen Sie, welche Aspekte dabei für Sie besonders wichtig sind:

Verdienstmöglichkeiten
   - Höhe des Honorars
   - Auflagenhöhe
   - Verkaufspreis
   - gezielter Vertrieb, Werbung

Mitspracherechte bzw. alleinige Entscheidung bei Herstellung und Vermarktung
   - Aufmachung, Layout, Art der Werbung, fachmännische Beratung, Lektorat

Profil eines Verlages, persönliche Beziehungen zu einem Verlag
   - Entscheiden Sie sich für eine der drei Möglichkeiten.
   - Begründen Sie Ihre Entscheidung.

Kapitel 5 Mitbestimmung

Interview mit einem Betriebsratsmitglied über die Rolle des Betriebsrats

A 1 Wer vertritt in Ihrem Lande die Interessen der Arbeitnehmer in den Betrieben?

A 2 Wie ist diese Interessenvertretung organisiert? Welche Rechte hat sie?

A 3 Vergleichen Sie Ihre Antworten auf Frage 2 mit der Rolle des Betriebsrats in der Bundesrepublik Deutschland, wie sie in den folgenden Texten dargestellt wird.

Der Betriebsrat hat vielfältige Rechte, vor allem in sozialen und personellen Angelegenheiten. In manchen Dingen muß er gehört werden, in anderen kann er mitwirken, und in einigen schließlich hat er ein echtes Mitbestimmungsrecht. „Echte" Mitbestimmung bedeutet, daß der Arbeitgeber nicht ohne Zustimmung des Betriebsrats entscheiden kann. Ohne Einverständnis des Betriebsrates darf die Geschäftsleitung beispielsweise keine Überstunden und keine Kurzarbeit anordnen, keine Akkord- und Prämienregelung erlassen und keine Werkswohnung kündigen. Daß freigewordene oder neu geschaffene Stellen zunächst innerhalb des Betriebs ausgeschrieben werden, kann der Betriebsrat sogar erzwingen.
Ein Betriebsrat wird in allen Betrieben, die in der Regel mindestens fünf wahlberechtigte Arbeitnehmer ständig beschäftigen, in gleicher, geheimer und unmittelbarer Wahl für drei Jahre gewählt.
Wahlberechtigt sind alle Arbeitnehmer über 18 Jahre gleich welcher Staatsangehörigkeit. Leitende Angestellte können nicht wählen und auch nicht gewählt werden.

aus „Tatsachen über Deutschland"

Der Betriebsrat hat in folgenden Angelegenheiten mitzubestimmen:

1. Fragen der Ordnung des Betriebs und des Verhaltens der Arbeitnehmer im Betrieb;
2. Beginn und Ende der täglichen Arbeitszeit sowie Verteilung der Arbeitszeit auf die einzelnen Wochentage;
3. vorübergehende Verkürzung oder Verlängerung der betriebsüblichen Arbeitszeit;
4. Zeit, Ort und Art der Auszahlung der Arbeitsentgelte;
5. Aufstellung allgemeiner Urlaubsgrundsätze und des Urlaubsplans;
6. Einführung und Anwendung von technischen Einrichtungen, die dazu bestimmt sind, das Verhalten oder die Leistung der Arbeitnehmer zu überwachen;
7. Regelungen über die Verhütung von Arbeitsunfällen und Berufskrankheiten sowie über den Gesundheitsschutz;

8. Form, Ausgestaltung und Verwaltung von betrieblichen Sozialeinrichtungen;
9. Zuweisung und Kündigung von Werkswohnungen;
10. Fragen der betrieblichen Lohngestaltung;
11. Festsetzung der Akkord- und Prämiensätze und vergleichbarer leistungsbezogener Entgelte;
12. Grundsätze über das betriebliche Vorschlagswesen.

(leicht gekürzte Fassung von § 87 des Betriebsverfassungsgesetzes)

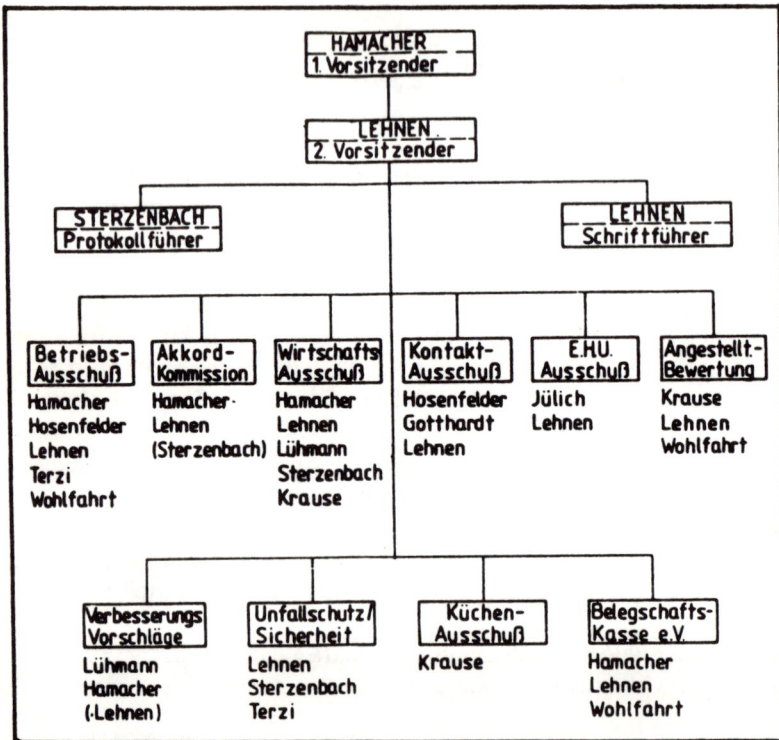

```
                        HAMACHER
                        1. Vorsitzender

                         LEHNEN
                        2. Vorsitzender

        STERZENBACH                        LEHNEN
        Protokollführer                    Schriftführer

  Betriebs-    Akkord-     Wirtschafts-  Kontakt-    E.H.U.      Angestellt.-
  Ausschuß     Kommission  Ausschuß      Ausschuß    Ausschuß    Bewertung

  Hamacher     Hamacher-   Hamacher      Hosenfelder Jülich      Krause
  Hosenfelder  Lehnen      Lehnen        Gotthardt   Lehnen      Lehnen
  Lehnen       (Sterzenbach) Lühmann     Lehnen                  Wohlfahrt
  Terzi                    Sterzenbach
  Wohlfahrt                Krause

        Verbesserungs  Unfallschutz/  Küchen-      Belegschafts-
        Vorschläge     Sicherheit     Ausschuß     Kasse e.V.

        Lühmann        Lehnen         Krause       Hamacher
        Hamacher       Sterzenbach                 Lehnen
        (·Lehnen)      Terzi                        Wohlfahrt
```

Das Organigramm des Betriebsrates der Maschinenfabrik Felix Böttcher GmbH & Co. KG enthält zehn verschiedene Ausschüsse. Die Aufgabenbereiche einiger Ausschüsse werden nachstehend beschrieben. Suchen Sie in dem Organigramm jeweils den Namen des betreffenden Ausschusses.

- muß von der Geschäftsleitung regelmäßig über die wirtschaftliche und finanzielle Lage des Unternehmens unterrichtet werden

- führt die laufenden Geschäfte des Betriebsrats, nimmt Anregungen der Belegschaft entgegen, arbeitet Beschlüsse aus, die er dem Betriebsrat zur Annahme vorlegt

- erarbeitet gemeinsam mit der Geschäftsleitung Maßnahmen, um Arbeitsablauf und Arbeitsplätze besser zu gestalten

- ist das Bindeglied zwischen Betriebsrat, gewerkschaftlichen Vertrauensleuten und Gewerkschaft

- verwaltet eine nach einem ehemaligen Mitinhaber (Ernst Hermann) benannte Unterstützungskasse, die in Härtefällen in Anspruch genommen werden kann (wird vom Unternehmen finanziert)

- verwaltet eine Kasse, in die jedes Belegschaftsmitglied einzahlt und die bei längerer Krankheit eine Beihilfe zahlt

B 1 Welche der folgenden Punkte, bei denen der Betriebsrat ein Recht auf Mitbestimmung bzw. Mitwirkung hat, werden in dem Interview erwähnt?

  - Fortbildungsmaßnahmen
  - Arbeitszeitregelung
  - Überstunden
  - Kurzarbeit
  - Urlaubsregelung
  - Jugendvertretung
  - Einstellungen
  - Entlassungen
  - Personalplanung
  - Versetzungen
  - Umgruppierungen
  - gesundheitlicher Schutz der Arbeitnehmer
  - Einhaltung von Gesetzen, Tarifverträgen und Betriebsvereinbarungen
  - Planung und Gestaltung der Arbeitsplätze
  - Arbeitsablauf
  - Sicherung der Arbeitsplätze
  - Art der Lohn- und Gehaltszahlung
  - Eingliederung Schwerbeschädigter
  - Förderung der Beschäftigung älterer Arbeitnehmer
  - Preise von Getränken und Mahlzeiten im Betrieb
  - Leistungslohn und Leistungslohnerfassung

B 2 Ergänzen Sie mit den Wörtern aus dem Text.

In diesem Unternehmen werden zwei Betriebsratsmitglieder für ihre Tätigkeit _____

_____ .

Aus dieser Tätigkeit dürfen weder Vorteile noch Nachteile _____ .

Gefährliche Arbeitsplätze sollen nicht _____ , sondern neu

gestaltet werden.

Außer den Leistungslohnregelungen gibt es noch eine zusätzliche _____

_____ aller Handwerker.

Das _____ zwischen Betriebsrat und Arbeitgeber ist gut.

Das Unternehmen gewährt eine Reihe von zusätzlichen _____ .

Die Betriebsratsmitglieder _____ alle vierzehn Tage _____ ,

wobei die _____ rechtzeitig vorher bekanntgegeben wird.

In dringenden Fällen werden _____ Sitzungen _____

_____ .

B 3 *Fallstudie I*

In der Firma Bernhard Heinemann KG sind 20 % der in der Produktion tätigen Arbeitnehmer gläubige Mohammedaner. Sie verlassen den Arbeitsplatz mindestens zweimal am Tage, um zu beten. Die Fließbänder stehen jeweils für zehn Minuten still. Dies schafft erhebliche Probleme im Produktionsablauf, steigert die Produktionskosten und vermindert die geplanten Stückzahlen.

- Listen Sie die verschiedenen Probleme auf, die sich daraus für alle Beteiligten ergeben könnten.
- Spielen Sie das Gespräch zwischen Geschäftsleitung und Betriebsrat zu diesem Thema.
- Verfassen Sie ein kurzes Informationsschreiben des Betriebsrates an die Kollegen über dieses Gespräch, und teilen Sie dabei auch die getroffene Vereinbarung mit.

B 4 *Fallstudie II*

Die Multi-Elektro AG erwirbt die Mehrheit des Unternehmens Anton Siemeyer GmbH, Bayreuth (Bayern), das auf die Herstellung von Elektro-Haushaltsgeräten spezialisiert ist und 300 Mitarbeiter beschäftigt, davon 190 in der Produktion. Die Multi-Elektro AG möchte die Produktion straffen und dabei die Herstellung von einigen weniger rentablen Artikeln aufgeben. 100 Arbeitsplätze sollen eingespart werden, davon 80 in der Produktion.

Die betroffenen Arbeitnehmer haben das Kündigungsschreiben erhalten, in dem ihnen eine Abfindung in Höhe von 2 Monatslöhnen angeboten wird. Der Betriebsrat bespricht den Fall mit der Geschäftsleitung.

- Spielen Sie dieses Gespräch.
- Verfassen Sie ein kurzes Informationsschreiben des Betriebsrates an die Kollegen über dieses Gespräch.